En mi comunidad

EL DEPARTAMENTO

DE BOMBEROS LOCAL

UN LIBRO DE EL SEMILLERO DE CRABTREE

De Buffy Silverman
y
Pablo de la Vega

CRABTREE
PUBLISHING COMPANY
WWW.CRABTREEBOOKS.COM

Quiero ser **bombero**.

Los bomberos apagan incendios y nos mantienen a salvo.

Rescatan personas
y animales.

Los bomberos conducen camiones.

Algunos camiones de bomberos tienen escaleras.

Algunos camiones de bomberos arrojan agua a través de **mangueras**.

13

Los camiones de bomberos tienen **sirenas** y luces intermitentes.

Los bomberos usan **máscaras** y ropa especial.

Podemos llamarlos si hay una **emergencia**.

Los bomberos son valientes.

Glosario

bombero: Un bombero es una persona entrenada para apagar incendios.

emergencia: Una emergencia es una situación peligrosa. Llamamos al 911 cuando hay una emergencia.

mangueras: Las mangueras son tubos largos y flexibles por los que corre el agua.

máscaras: Las máscaras cubren la cara para protegerla o esconderla.

rescatan: Cuando rescatas a alguien, lo salvas de una situación peligrosa.

sirenas: La sirenas sirven de advertencia. Hacen sonidos muy fuertes.

Índice analítico

Apoyos de la escuela a los hogares para cuidadores y maestros

Los libros de El Semillero de Crabtree ayudan a los niños a crecer al permitirles practicar la lectura. Las siguientes son algunas preguntas de guía que ayudan a los lectores a construir sus habilidades de comprensión. Algunas posibles respuestas están incluidas.

Antes de leer
- ¿De qué piensas que tratará este libro? Pienso que este libro trata sobre los bomberos. Quizá nos enseñará cómo apagan un incendio los bomberos.

- ¿Qué quiero aprender sobre este tema? Quiero aprender más acerca de los camiones de bomberos.

Durante la lectura
- Me pregunto por qué... Me pregunto por qué los bomberos usan máscaras.

- ¿Qué he aprendido hasta ahora? Aprendí que los camiones de bomberos tienen escaleras, mangueras, sirenas y luces intermitentes.

Después de leer
- ¿Qué detalles aprendí de este tema? Aprendí que los bomberos mantienen segura a la gente. Los llamamos cuando hay una emergencia.

- Lee el libro de nuevo y busca las palabras del vocabulario. Veo la palabra **_rescatan_** en la página 6 y la palabra **_sirenas_** en la página 14. Las demás palabras del vocabulario están en las páginas 22 y 23

Library and Archives Canada Cataloging-in-Publication Data

Title: El departamento de bomberos local / de Buffy Silverman y Pablo de la Vega.
Other titles: Hometown fire department. Spanish
Names: Silverman, Buffy, author. | Vega, Pablo de la, translator.
Description: Series statement: En mi comunidad | Translation of: Hometown fire department. | Translated by Pablo de la Vega. | "Un libro de el semillero de Crabtree". | Includes index. | Text in Spanish.
Identifiers: Canadiana (print) 20210100788 | Canadiana (ebook) 20210100796 | ISBN 9781427131317 (hardcover) | ISBN 9781427131416 (softcover) | ISBN 9781427131515 (HTML) | ISBN 9781427135155 (read-along ebook)
Subjects: LCSH: Fire fighters—Juvenile literature. | LCSH: Fire departments—Juvenile literature.
Classification: LCC TH9148 .S5518 2021 | DDC j363.37/8—dc23

Library of Congress Cataloging-in-Publication Data

Available at the Library of Congress

Crabtree Publishing Company
www.crabtreebooks.com   1-800-387-7650
Print book version produced jointly with Crabtree Publishing Company NY, USA

Written by Buffy Silverman
Production coordinator and Prepress technician: Ken Wright
Print coordinator: Katherine Berti
Translation to Spanish: Pablo de la Vega
Edition in Spanish: Base Tres

Printed in the U.S.A./022021/CG20201123

Photo credits: Cover photo © SanchaiRat, logo © AWesleyFloyd
page 2-3 © Littlekidmoment; page 4-5 © worradirek; page 6 © Utekhina Anna, 6-7 © Lilac Mountain; page 8-9 © mikeledray; page 10-11 © Keith Muratori; page 12-13 © Mike Brake; page 14-15 © welcomia; page 16-17 © zulkamalober; page 18-19 © yotanan chankheaw; phone illustration © alexmillos; page 20-21 © Monkey Business Images. All photos from Shutterstock.com

Published in Canada	Published in the United States	Published in the United Kingdom	Published in Australia
Crabtree Publishing	Crabtree Publishing	Crabtree Publishing	Crabtree Publishing
616 Welland Ave.	347 Fifth Ave	Maritime House	Unit 3 – 5
St. Catharines, ON	Suite 1402-145	Basin Road North, Hove	Currumbin Court
L2M 5V6	New York, NY 10016	BN41 1WR	Capalaba QLD 4157